12
9
3
6

www.bamboo.fr



116, rue des Jonchères - BP 3
71012 CHARNAY-LÈS-MÂCON cedex
Tél. 03 85 34 99 09 - Fax 03 85 34 47 55
Site Web : www.bamboo.fr
E-mail : bamboo@bamboo.fr



TROISIÈME ÉDITION
Dépôt légal : août 2006
ISBN 978-2-35078-113-6

Imprimé en France
Printed in France by PPO Graphic, 91120 Palaiseau

DIRECTIVE.
BONJOUR MONSIEUR ROMBILLARD! VOICI NOS DEMANDES DE FOURNITURES ET DE MATÉRIEL POUR CETTE ANNÉE!
?
PARFAIT! MONTREZ-MOI CETTE LISTE...
ASSEYEZ-VOUS!
!
DES PRODUITS DE RÉGIME! MAIS ENFIN BRIGITTE, JE NE PEUX PAS COMMANDER ÇA!
ET POURQUOI ÇA? TOUTES LES FILLES DU BUREAU SONT D'ACCORD!
MAIS ENFIN, J'AI DES COMPTES À RENDRE À MES SUPÉRIEURS! COMMENT VOULEZ-VOUS QUE JE FASSE ACCEPTER CETTE DEMANDE PAR LE MINISTÈRE?
OH ÇA C'EST TRÈS FACILE!
HIER SOIR, LE MINISTRE EST PASSÉ À LA TÉLÉ ET IL A DIT QU'IL FALLAIT DÉGRAISSER LA FONCTION PUBLIQUE... IL NE POURRA PAS NOUS LES REFUSER!
!!
BLOZ ET BÉKA

PARTAGEUR.
ÇA NE VA PAS, ANTOINE ?
DON ! ZA FAIT DEUX JOURS QUE JE ZUIS BALADE !
BAIS ZA NE B'EMPÊCHERA BAS DE VAIRE DU BON BOULOT !
URGENT
AAAH ! CE JEUNE ANTOINE EST FORMIDABLE ! TU TE RENDS COMPTE BIGOULINO, MÊME MAL EN POINT, IL VIENT TRAVAILLER !
C'EST GRÂCE À DES PERSONNES COMME LUI QUE LA FONCTION PUBLIQUE DEVIENDRA PERFORMANTE !
JE NE CROIS PAS !
IL A REFILÉ LA CRÈVE À TOUT LE SERVICE ET ÇA FAIT DEUX JOURS QUE LES BUREAUX SONT DÉSERTS !
!
TAP ! TAP ! TAP !
BLOZ ET BÉKA

TECHNIQUE DE POINTE.
VOUS AVEZ VU, ILS ONT REMIS LA POINTEUSE EN SERVICE!
OUI, C'EST HONTEUX! MOI, JE NE SUIS JAMAIS EN RETARD. J'ESTIME QU'ON PEUT ME FAIRE CONFIANCE!
ON VA ÊTRE PLUS MALINS QU'EUX! VOUS ALLEZ TOUS ME PASSER VOS CARTES ET DEMAIN C'EST MOI QUI POINTERAI POUR TOUT LE MONDE!
JE VAIS MÊME RÉCOLTER LES CARTES DE TOUT LE SERVICE, POUR LEUR APPRENDRE À NOUS INFANTILISER À CE POINT!
LE LENDEMAIN...
AAAAAH! ÇA FAIT DU BIEN DE SE SENTIR LIBRE DE SES MOUVEMENTS!
OUI, MAIS... QUELQU'UN A VU RIBOULET CE MATIN?
QUOI?! IL N'EST PAS ARRIVÉ??
SORTIE
MAIS ALORS IL N'A PAS POINTÉ POUR NOUS!!
BIP BIP
SI VOUS CROYEZ QUE C'EST FACILE DE POINTER 884 CARTES! 'FAUT ME LAISSER LE TEMPS!
SORTIE
BUREAUX
!?
BLOZ ET BÉKA

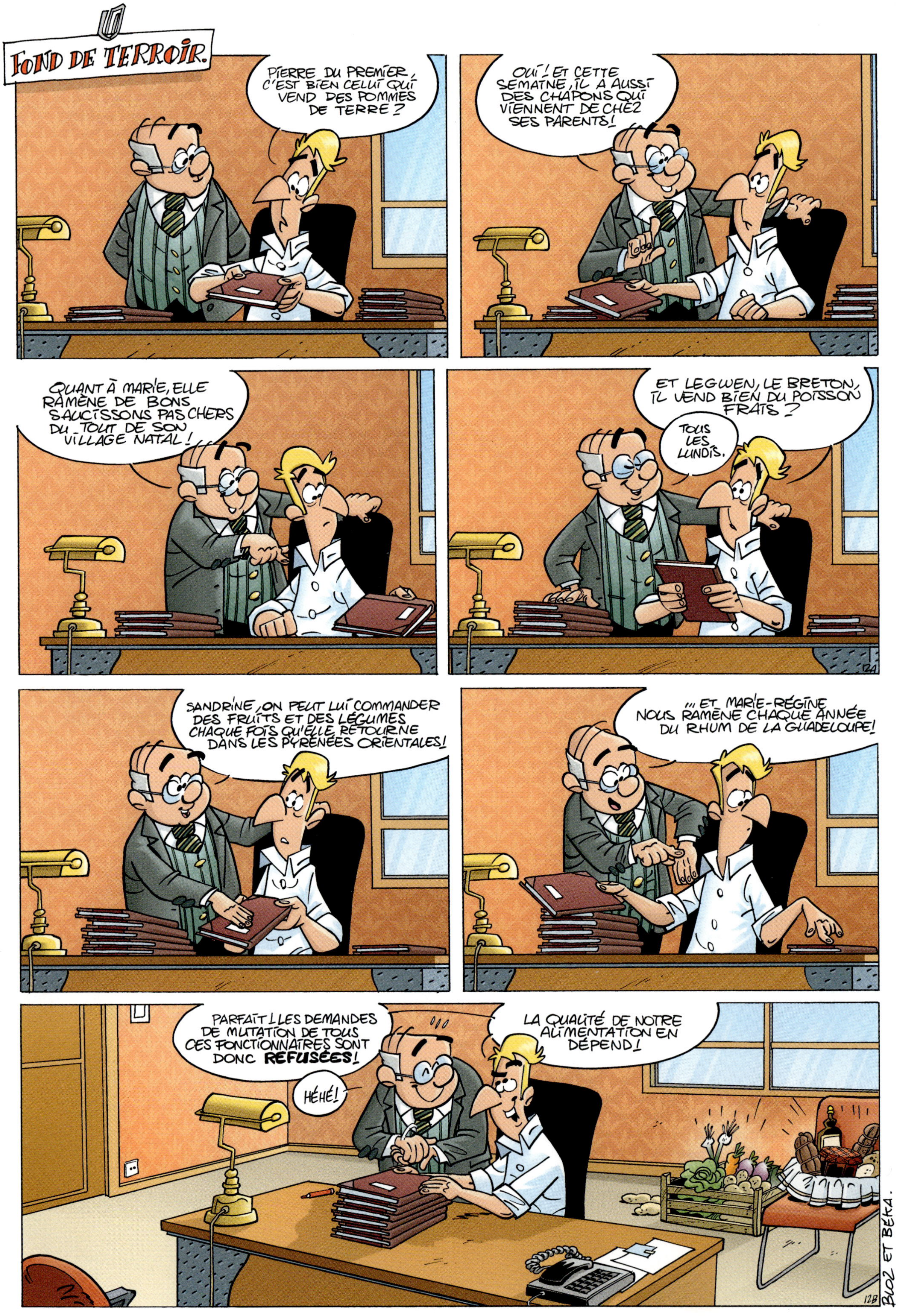
FOND DE TERROIR.
PIERRE DU PREMIER, C'EST BIEN CELUI QUI VEND DES POMMES DE TERRE ?
OUI ! ET CETTE SEMAINE, IL A AUSSI DES CHAPONS QUI VIENNENT DE CHEZ SES PARENTS !
QUANT À MARIE, ELLE RAMÈNE DE BONS SAUCISSONS PAS CHERS DU TOUT DE SON VILLAGE NATAL !
ET LEGWEN, LE BRETON, IL VEND BIEN DU POISSON FRAIS ?
TOUS LES LUNDIS.
SANDRINE, ON PEUT LUI COMMANDER DES FRUITS ET DES LÉGUMES CHAQUE FOIS QU'ELLE RETOURNE DANS LES PYRÉNÉES ORIENTALES !
... ET MARIE-RÉGINE NOUS RAMÈNE CHAQUE ANNÉE DU RHUM DE LA GUADELOUPE !
PARFAIT ! LES DEMANDES DE MUTATION DE TOUS CES FONCTIONNAIRES SONT DONC REFUSÉES !
LA QUALITÉ DE NOTRE ALIMENTATION EN DÉPEND !
HÉHÉ !
BLOZ ET BÉKA.

WANTED.
FLASH FLASH FLASH
?
?
QU'EST-CE QUE TU FAIS, MÉLISSA? POURQUOI TU PLACARDES TA PHOTO PARTOUT?
TAP TAP
IL PARAÎT QUE LA PLUPART DES COUPLES SE RENCONTRENT SUR LEUR LIEU DE TRAVAIL!
ALORS J'AUGMENTE MES CHANCES!
!

ÉTAT CIVIL
BONJOUR, JE VIENS POUR UN PROBLÈME D'ALLOCATION !
QUELQU'UN VA VOUS RENSEIGNER, MAIS IL VA VOUS FALLOIR PATIENTER UN PEU !
ACCUEIL
?
AU REVOIR MONSIEUR !
ACCUEIL
TIENS ! QU'EST-CE QU'ILS FONT LÀ TOUS CES GENS ?
EUH... ILS VIENNENT POUR UN PROBLÈME D'ALLOCATION !
MAIS, C'EST MOI QUI M'OCCUPE DE ÇA ! POURQUOI TU NE ME LES ENVOIES PAS DIRECTEMENT ?
PARCE QUE CE SONT DES HOMMES !
...ET MÉLISSA TIENT ABSOLUMENT À S'OCCUPER DE LA PARTIE ÉTAT CIVIL DE LEUR DOSSIER !
!?
ACCUEIL
VOUS ÊTES CÉLIBATAIRE ? COMME C'EST INTÉRESSANT !
BLOZ ET BÉKA

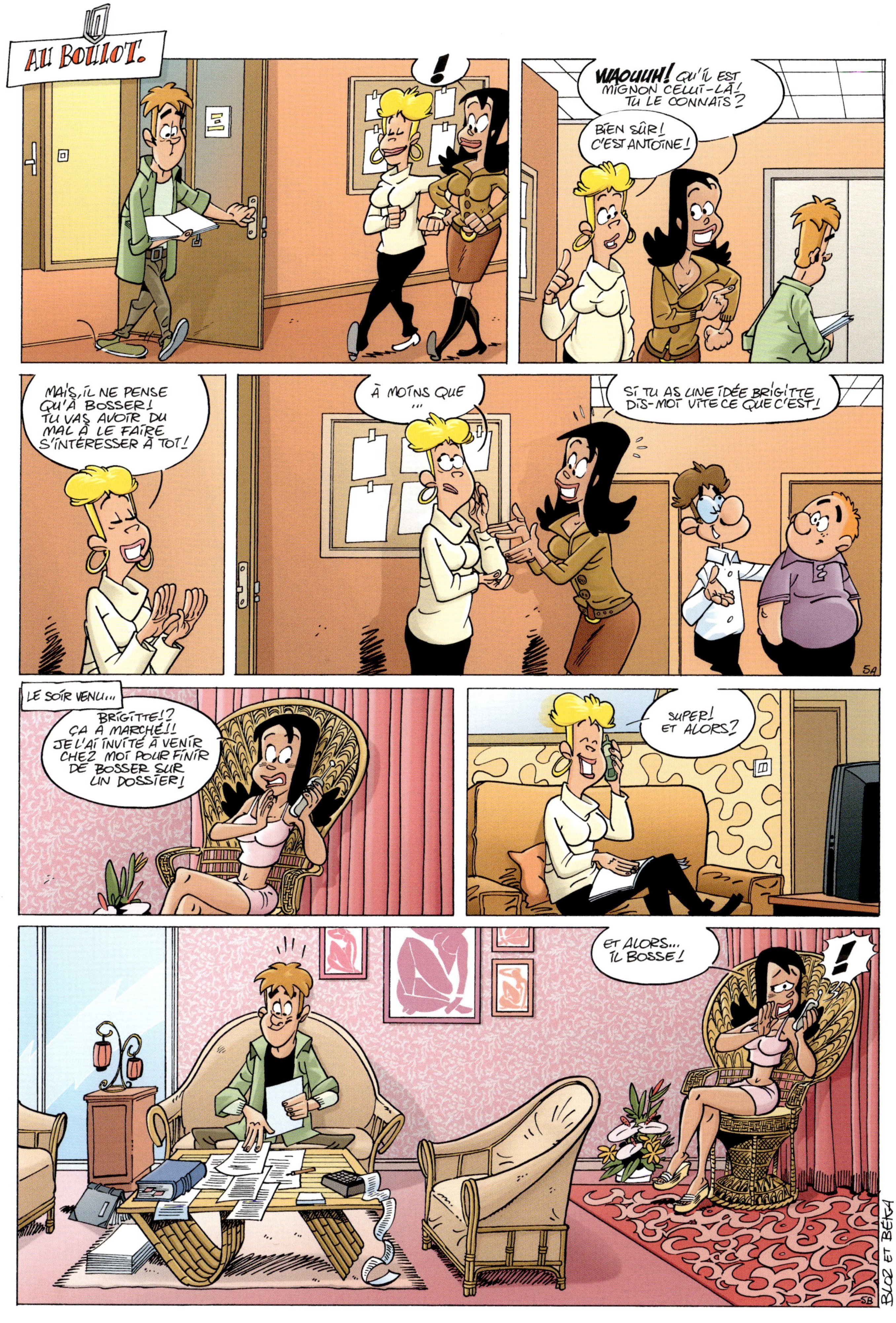

AU BOULOT.
!
WAOUUH! QU'IL EST MIGNON CELUI-LÀ! TU LE CONNAIS?
BIEN SÛR! C'EST ANTOINE!
MAIS, IL NE PENSE QU'À BOSSER! TU VAS AVOIR DU MAL À LE FAIRE S'INTÉRESSER À TOI!
À MOINS QUE ...
SI TU AS UNE IDÉE BRIGITTE DIS-MOI VITE CE QUE C'EST!
LE SOIR VENU...
BRIGITTE!? ÇA A MARCHÉ!! JE L'AI INVITÉ À VENIR CHEZ MOI POUR FINIR DE BOSSER SUR UN DOSSIER!
SUPER! ET ALORS?
ET ALORS... IL BOSSE!
!
BLOZ ET BÉKA

T'AS TOUT.
OUÍ, ON EN AVAÍT BESOÍN D'UN POUR LE SPECTACLE DE L'AMICALE! MAÍS ON NE SAVAÍT PAS OÙ LE TROUVER!
ET PUÍS ON A EU L'ÍDÉE DE DEMANDER AUX COLLÈGUES!
COMME TU LE SAÍS, CHEZ NOUS TOUT LE MONDE RAMÈNE DES PRODUÍTS DE SA RÉGÍON POUR LES REVENDRE...
ET ÇA N'A PAS LOUPÉ! ON A TROUVÉ CE QU'ÍL FALLAÍT CHEZ KALÍD, LE DESSÍNATEUR DU SÍXÍÈME.
13A
TOUT DE MÊME! C'EST UN SACRÉ COUP DE BOL!
OH NON! ON TROUVE DE TOUT DANS NOTRE ADMÍNÍSTRATÍON!
13B
BLOZ ET BÉKA

Merci qui?
Self
!
Buffet
REGARDE! Y'A ANTOINE QUI MANGE LÀ-BAS!
Buffet
LAISSE PASSER DU MONDE! 'FAUT ABSOLUMENT QU'ON AILLE S'ASSEOIR À CÔTÉ DE LUI!
PEU APRÈS...
ÇA Y EST! LES PLACES SE LIBÈRENT À SA TABLE!
VAS-Y VITE BRIGITTE! ACCÉLÈRE!
HEU... MOI JE VEUX BIEN MAIS...
...MAIS MAINTENANT, ON EST LES DERNIÈRES DE LA FILE!
!
QUELQUES LONGUES MINUTES + TARD!
QUAND J'AI VU QUE VOUS ÉTIEZ AUSSI LOIN, JE VOUS AI GARDÉ 2 PLACES!
ÇA VAUT BIEN UN BISOU ÇA, MÉLISSA! HUM!
Buffet
BLOZ ET BÉKA

RÉCLAMATIONS.
ACCUEIL
REGARDEZ LE COURRIER QUE JE VIENS DE RECEVOIR DE VOS SERVICES !
IL Y EST INDIQUÉ QUE JE SUIS ÂGÉ DE 2 ANS !
?
VOUS AVEZ RAISON MONSIEUR ! IL DOIT S'AGIR D'UNE ERREUR DE NOS SERVICES !
!
MAIS JE VAIS CORRIGER ÇA TOUT DE SUITE !
PAS DU TOUT ! CE N'EST PAS POUR ÇA QUE JE SUIS LÀ !!
JE VOUDRAIS JUSTE SAVOIR SI J'AI DROIT À DES AIDES POUR AVOIR UNE JOLIE NOUNOU !
?
ACCUEIL
BLOZ ET BÉKA.

# LIEU DE RENCONTRES.

DES HAUTS ET DES BAS.
BONJOUR!
BONJOUR ANTOINE!
B... BONJOUR!
VZZZZZ...
VZZZZZ...
CLIC!
BRRRRRRRRRRRR
POURVU QU'ON TOMBE EN PANNE! POURVU QU'ON TOMBE EN PANNE
JE M'ARRÊTE ICI! BONNE JOURNÉE!
!
BRRRRRRRRRRRRRRRRRRRRRRRRRR
BRRRR BROUUCRAC...
SURTOUT NE TE PLAINS PAS! TU AS ÉTÉ EXAUCÉE!
BLOZ ET BÉKA

TouTouYouTou.
GÉNIAL! LE NOUVEAU "FEMME ACTIVE" PROPOSE DES EXERCICES DE GYM SPÉCIALEMENT CONÇUS POUR LE BUREAU!
FEMME ACTIVE
ÇA NE PREND QUE QUELQUES MINUTES! ÇA VAUT LE COUP D'ESSAYER!
HUM!
PFOUUU!
?
JE COMPRENDS QUE LES FONCTIONNAIRES METTENT DU TEMPS À TRAITER NOS DOSSIERS! ILS ONT TOUT UN RITUEL À RESPECTER AVANT DE SE METTRE AU BOULOT!
JUSTE
!?
BRIGITT
BLOZ ET BÉKA

CHAMPION DU MONDE.
ÇA ALORS !
C'EST LA PREMIÈRE FOIS QUE JE VOIS M. RIBOULET ARRIVER AUSSI TÔT !
HOP !
HOP !
OUI, S'IL CONTINUE COMME ÇA, IL VA BATTRE DES RECORDS !
!?
ZIIIIIIP
BIM ! BOUM
PLAF !
AÏE !
LAISSEZ-MOI FAIRE ! JE SUIS TOUBIB !
C'EST UNE SUPERBE ENTORSE ! J'APPELLE UNE AMBULANCE !
PIMPOMPIM
AMBULA
TU NE CROYAIS PAS SI BIEN DIRE ROMBILLARD ! IL A OBTENU L'ARRÊT MALADIE LE PLUS RAPIDE DU MONDE !
UN VRAI RECORD !
BLOZ ET BÉKA

DOSSIERS ROSES.
BONJOUR JUSTE ! TU VOUDRAIS BIEN ME PASSER QUELQUES DOSSIERS ? J'AI TERMINÉ LES MIENS !
AVEC PLAISIR MÉLISSA ! C'EST SYMPA DE ME FILER UN COUP DE MAIN !
QUELQUES INSTANTS PLUS TARD...
SALUT FURIN ! JE PEUX TE PRENDRE QUELQUES DOSSIERS ?
SERS-TOI ! QUAND Y'EN A POUR UN, Y'EN A POUR DEUX !
DIX MINUTES APRÈS...
SI TU N'Y VOIS PAS D'INCONVÉNIENT, JE T'EN EMPRUNTE ENCORE QUELQUES UNS !
!
MAIS ENFIN, C'EST PAS POSSIBLE ! ELLE N'A PAS PU ABATTRE TOUT CE BOULOT EN SI PEU DE TEMPS !
TU AS RAISON ! ON DEVRAIT ALLER VOIR CE QU'ELLE FAIT !
!?
ANTOINE M'AIME UN PEU... BEAUCOUP... PASSIONNÉMENT ...
SCRITCH
BLOZ ET BÉKA

# RÉUNION PRIVÉE.

RÉCLAMATIONS II
ACCUEIL
REGARDEZ CE COURRIER QUE J'AI REÇU!
?
À LA RUBRIQUE ÂGE, VOUS AVEZ ÉCRIT "142" ANS!
EN EFFET
ON A DÛ AJOUTER UN "1" PAR ERREUR DEVANT VOTRE ÂGE RÉEL!
MAIS NE VOUS EN FAITES PAS, JE VAIS ARRANGER ÇA!!
!
SURTOUT PAS!
!?
JE VOUS APPORTAIS JUSTE UN R.I.B. POUR POUVOIR TOUCHER MES ARRIÉRÉS DE RETRAITE!
BLOZ ET BÉKA.

MERCI QUI?
DAMDAM! DIDOUDAM...
PÂTISSERIE GATO
HIIII!
?
PFFF! PFF! PFFF!
TIENS BRIGITTE! TU POURSUIS TES EXERCICES DE GYM?
NOOON! PFFF! J'AI... J'AI VU UNE SOURIS DANS MON BUREAU!
ET BIEN, TU POURRAS LA REMERCIER!
PFF! PFFF! PFFF!
PARCE QUE LA COURSE, C'EST RADICAL POUR PERDRE DU POIDS!
TIENS FINALEMENT TU L'AS BIEN MÉRITÉ!
?
BLOZ ET BÉKA.

MÉGABIT.
BOUHOUHOU
?
SNIF!
MÉLISSA ?! MAIS QU'EST-CE QUI SE PASSE ?
MOTUS
SNIF! J'AI COMPRIS QUE JE N'AURAI JAMAIS ANTOINE! SNIF!
AH BON!? MAIS QU'EST-CE QUI TE FAIT CROIRE ÇA ?
DEPUIS HIER SOIR, IL VIT UNE GRANDE HISTOIRE D'AMOUR!
BOUHOUHOU!
MAIS ENFIN, AVEC QUI ?
2006
TAP' TAP' TAP'
AVEC SON NOUVEL ORDINATEUR PORTABLE!
!!
BLOZ ET BÉKA

CHAUD ET FROID.
JANVIER
FÉVRIER
MARS
AVRIL
MAI
CAFÉ
JUIN
ATCHIIIIII!
?
ET CETTE ANNÉE, À L'UNANIMITÉ NOUS EXIGEONS LA SUPPRESSION DE LA CLIMATISATION DANS NOS BUREAUX!
OUAIS!
?
DÉLÉGUÉ SYNDICAL
BLOZ ET BÉKA

ZEN.
LOCAL PHOTOCOPIES
N'OUBLIEZ PAS LE TRAVAIL QUE JE VOUS AI DEMANDÉ, M. RIBOULET!
J'Y VAIS TOUT DE SUITE, M. ROMBILLARD!
CLIC
VLOU! VLOU! VLOU! VLOU!
OUPS!
LA MACHINE ÉTAIT RÉGLÉE SUR 300 COPIES!
JE VAIS ESSAYER DE LA REPROGRAMMER!
BIP BIP BIP
19A
ENCORE RATÉ! CETTE FOIS, ELLE ME FAIT UN AGRANDISSEMENT!
VLOUUUUU
TIENS! SI J'APPUIE LÀ, ELLE ME FAIT DES RÉDUCTIONS!
VLOU!
CLIC!
MAIS ENFIN, POURQUOI ELLE ME SORT DES FEUILLES AGRAFÉES MAINTENANT ?!
VLOU!
BIP BIP BIP
BLOK!
MERDE! PLUS DE PAPIER!
19B

PEU APRÈS...
QUEL EST LE !!#! QUI A EU L'IDÉE DE STOCKER LE PAPIER À LA CAVE!
BOM
CETTE FOIS, ÇA DEVRAIT MARCHER!
CLIC!
PAPIER
VLOU! VLOU!
C'EST PAS VRAI!! ELLE ME REMET 300 COPIES!!
TU VAS MARCHER, OUI!?
C'EST SENSIBLE CES APPAREILS! À PEINE ON LES TOUCHE ILS SE BLOQUENT!
20A
UNE HEURE + TARD...
ÇA Y EST, ELLE REDÉMARRE! J'ESPÈRE QU'ELLE EST BIEN RÉGLÉE CETTE FOIS!
RONZRONZRON
BIP
PENDANT CE TEMPS...
RIBOULET S'AMÉLIORE! IL A TOUT DE SUITE ACCEPTÉ DE M'AIDER À BOUCLER CE DOSSIER!
TU VAS VOIR, IL VA T'ÉTONNER!
ÇA Y EST, M. ROMBILLARD! J'AI FAIT VOTRE PHOTOCOPIE! MAINTENANT, SI ÇA NE VOUS EMBÊTE PAS, JE VAIS ALLER ME REPOSER UN PEU...
!?
20B
BLOZ ET BÉKA

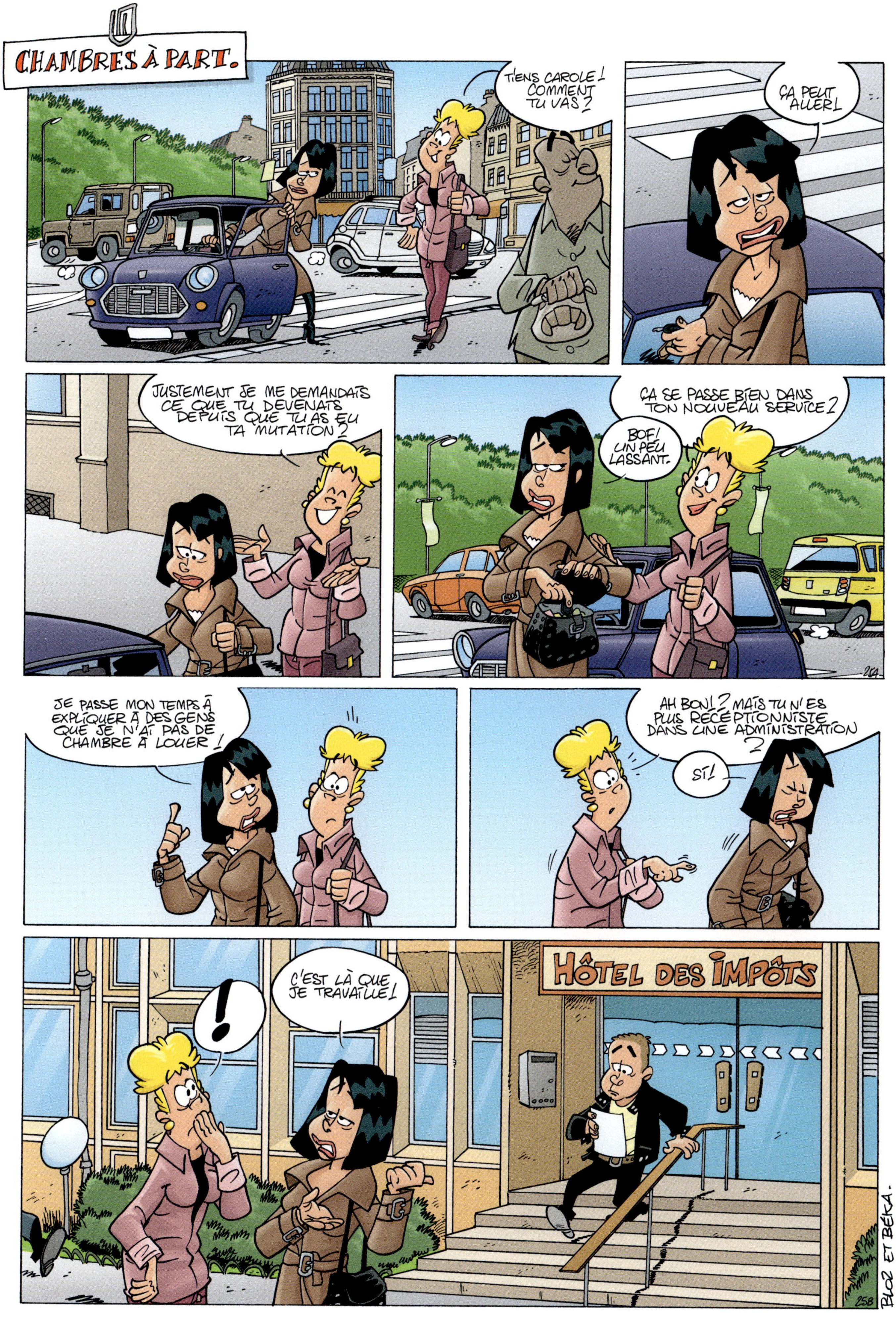
CHAMBRES À PART.
TIENS CAROLE ! COMMENT TU VAS ?
ÇA PEUT ALLER !
JUSTEMENT JE ME DEMANDAIS CE QUE TU DEVENAIS DEPUIS QUE TU AS EU TA MUTATION ?
ÇA SE PASSE BIEN DANS TON NOUVEAU SERVICE ?
BOF ! UN PEU LASSANT.
JE PASSE MON TEMPS À EXPLIQUER À DES GENS QUE JE N'AI PAS DE CHAMBRE À LOUER !
AH BON ! ? MAIS TU N'ES PLUS RÉCEPTIONNISTE DANS UNE ADMINISTRATION ?
SI !
!
C'EST LÀ QUE JE TRAVAILLE !
HÔTEL DES IMPÔTS
BLOZ ET BÉKA.

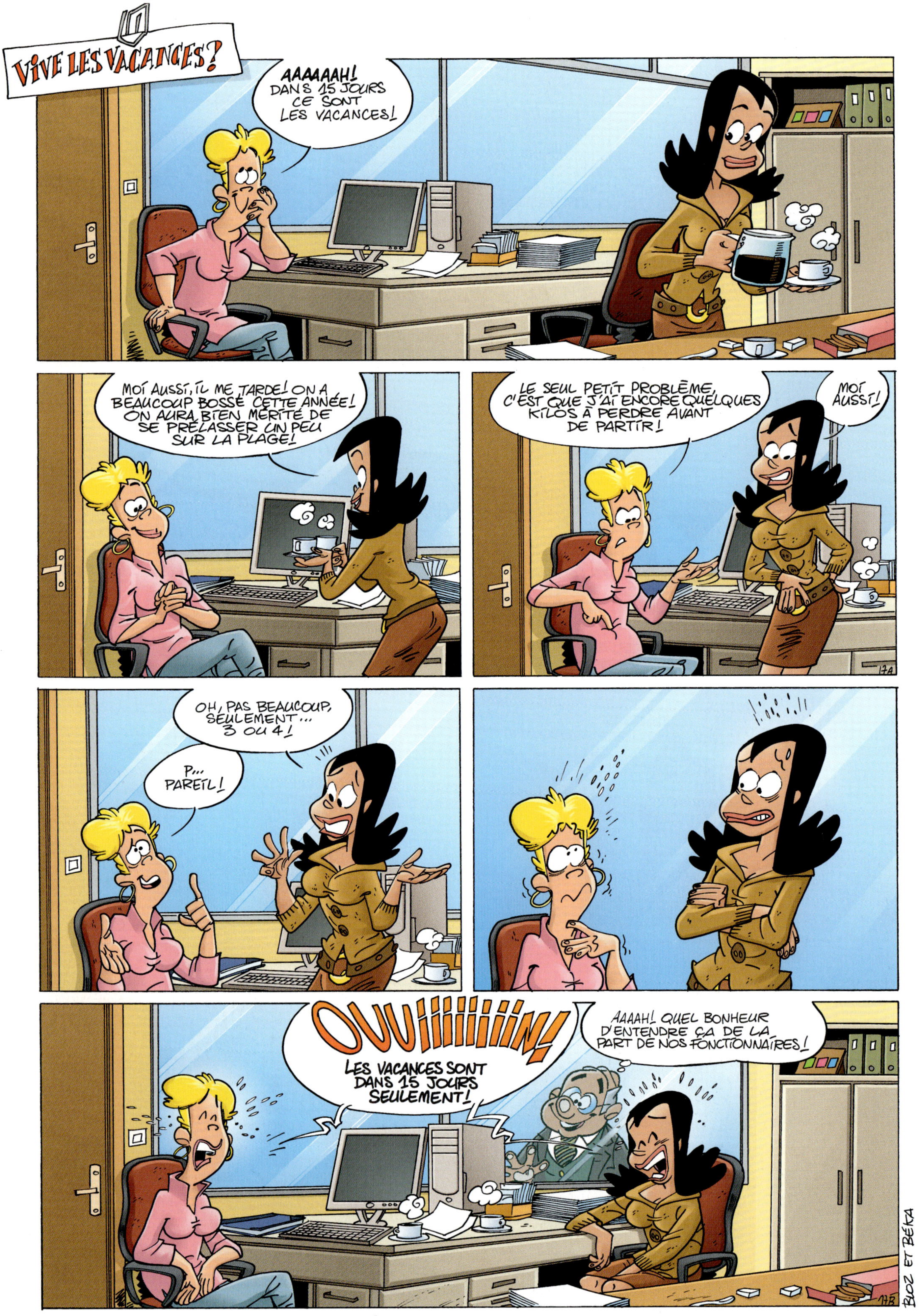
VIVE LES VACANCES ?
AAAAAAH! DANS 15 JOURS CE SONT LES VACANCES!
MOI AUSSI, IL ME TARDE! ON A BEAUCOUP BOSSÉ CETTE ANNÉE! ON AURA BIEN MÉRITÉ DE SE PRÉLASSER UN PEU SUR LA PLAGE!
LE SEUL PETIT PROBLÈME, C'EST QUE J'AI ENCORE QUELQUES KILOS À PERDRE AVANT DE PARTIR!
MOI AUSSI!
OH, PAS BEAUCOUP, SEULEMENT... 3 OU 4!
P... PAREIL!
OUUIIIIIIIIIIN!
LES VACANCES SONT DANS 15 JOURS SEULEMENT!
AAAAH! QUEL BONHEUR D'ENTENDRE ÇA DE LA PART DE NOS FONCTIONNAIRES!
BLOZ ET BÉKA

DU BOULOT.
?!
LES GARS, C'EST HORRIBLE! JE N'AI PLUS AUCUN DOSSIER À TRAITER SUR MON BUREAU!
AUTO
C'EST PAREIL POUR NOUS!
LES CHEFS ATTENDENT LES NOUVELLES CONSIGNES DU MINISTÈRE POUR RÉPARTIR LE TRAVAIL!
MAIS... MAIS! CE N'EST PAS POSSIBLE! JE VEUX TRAVAILLER MOI!
IL DOIT BIEN Y AVOIR QUELQUE CHOSE À FAIRE POUR DÉBLOQUER LA SITUATION!
BEN, SI TU VEUX VRAIMENT OBTENIR QUELQUE CHOSE, JE NE VOIS QU'UN MOYEN!
DIS-MOI CE QUE C'EST ET JE LE FAIS TOUT DE SUITE!!
PEU APRÈS...
EN GRÈVE
ET VOUS PENSEZ VRAIMENT QUE ÇA VA M'AIDER À TRAVAILLER?
PFFFFF!!
BLOZ ET BÉKA

UN POUR TOUS.
EN GRÈVE
JE VEUX TRAVAILLER
PSSST! ANTOINE!
ON EST TOUS AVEC TOI! TON MOUVEMENT EST LÉGITIME!
MAIS POUR ÊTRE ENTENDU, IL DOIT PRENDRE PLUS D'AMPLEUR!
HA BON? ET QU'EST-CE QUE JE DOIS FAIRE?
DESCENDS DANS LA RUE!
UN PEU PLUS TARD...
NOUS ASSISTONS À UNE NOUVELLE MANIFESTATION DES FONCTIONNAIRES!
ET POUR UNE FOIS, LES CHIFFRES DE LA POLICE ET DES ORGANISATEURS CONCORDENT: 1
TV1
BLOZ ET BÉKA

AU BOULOT !
EN GRÈVE
JE VEUX TRAVAILLER
ACCUEIL
ALORS ?
TOUJOURS RIEN !
QUOI? LES CONSIGNES DU MINISTÈRE NE SONT TOUJOURS PAS ARRIVÉES !?
BEN NON ! ELLES NE DEVRAIENT PAS TARDER...
MAIS ENFIN C'EST PAS POSSIBLE ! ON NE PEUT PAS ACCÉLÉRER LES CHOSES ?
TU PEUX TOUJOURS DÉPOSER UNE RÉCLAMATION SI TU VEUX ! ...
... D'AUTANT PLUS QUE CE SERA À TOI D'Y RÉPONDRE ! ÇA FAIT PARTIE DE TON BOULOT ÇA !
RÉCLAMATION
!
AAAAAH! ENFIN DU TRAVAIL !
RÉPONSE
BLOZ ET BÉKA

AU BOULOT.
ALORS ANTOINE TU DOIS ÊTRE CONTENT !
TAP TAP TAP TAP
ON A ENFIN REÇU LES DIRECTIVES MINISTÉRIELLES ! TU AS DE NOUVEAU DU BOULOT !
OUAIS !
TAP TAP TAP-FIN !
MAIS J'ÉTAIS TELLEMENT EN MANQUE QUE J'AI DÉJÀ TOUT TERMINÉ !
ET MAINTENANT JE N'AI PLUS RIEN À FAIRE !
SI CE N'EST QUE ÇA, JE PEUX T'AIDER !
?
SUPPR'
CLIC !
EH VOILÀ ! TOUT EST EFFACÉ !
TU N'AS PLUS QU'À RECOMMENCER !
!!
AH, JE VOUS JURE ! RENDEZ SERVICE AUX COLLÈGUES !
?
?
BLOZ ET BÉKA.

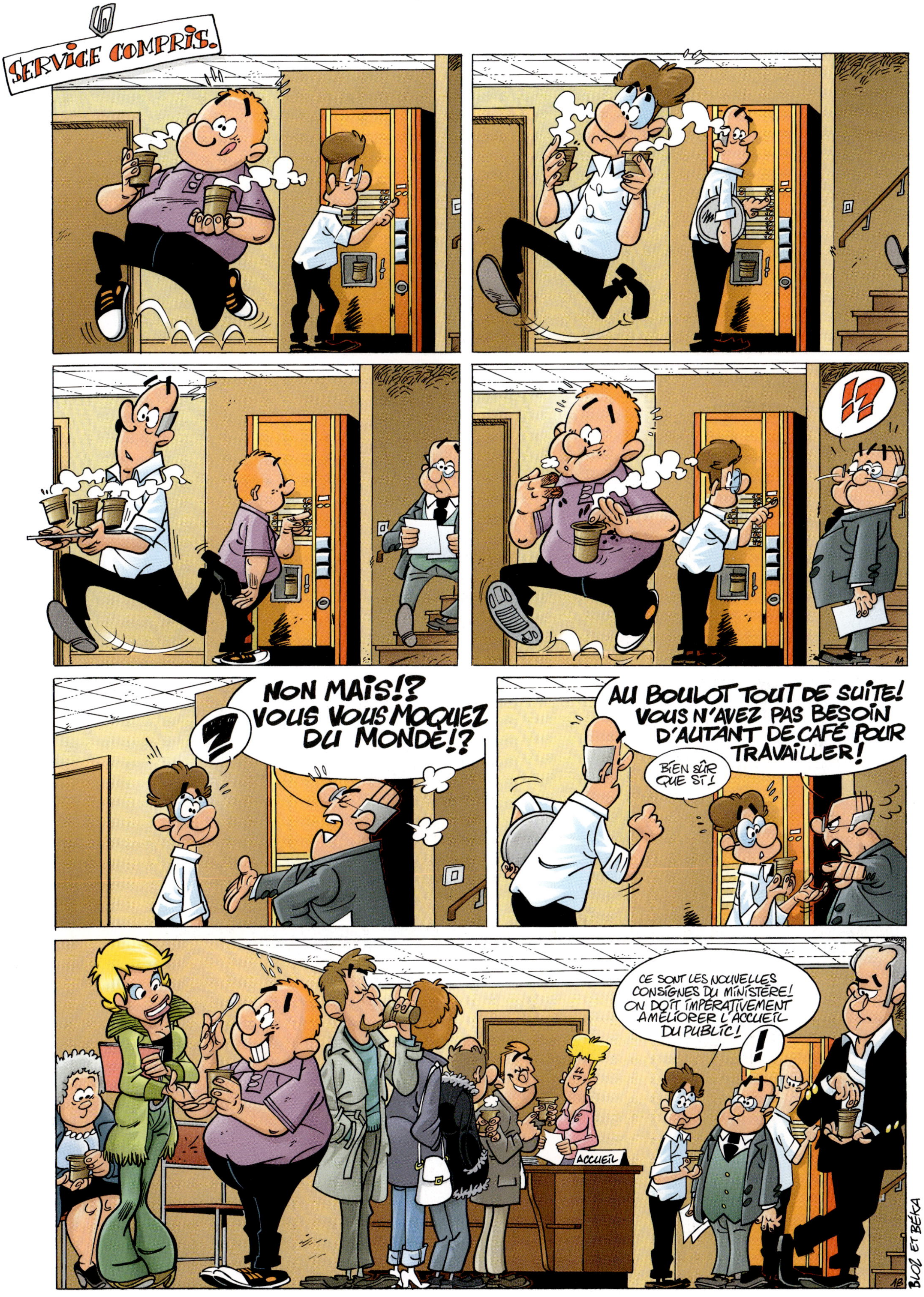
SERVICE COMPRIS.
!?
NON MAIS!? VOUS VOUS MOQUEZ DU MONDE!?
?
AU BOULOT TOUT DE SUITE! VOUS N'AVEZ PAS BESOIN D'AUTANT DE CAFÉ POUR TRAVAILLER!
BIEN SÛR QUE SI !
ACCUEIL
CE SONT LES NOUVELLES CONSIGNES DU MINISTÈRE! ON DOIT IMPÉRATIVEMENT AMÉLIORER L'ACCUEIL DU PUBLIC!
!
BLOZ ET BÉKA

ACTIVITÉ PHYSIQUE.
?
TU AS VU BRIGITTE! IL N'Y A PERSONNE D'INSCRIT AU TOURNOI DE TENNIS INTERNE CETTE ANNÉE!
EH NON!
PERSONNE NE S'EST INSCRIT AU STAGE DE PÉTANQUE NON PLUS!
NON!
ET IL N'Y A PERSONNE QUI VA EN STAGE DE SKI...
...NI EN RANDONNÉES DANS LES ALPES!
COMMENT ÇA SE FAIT?
C'EST À CAUSE DE MÉLISSA!
DEPUIS QU'ELLE A FONDÉ SON CLUB DE RENCONTRES, LES FONCTIONNAIRES DÉSERTENT TOUTES LES AUTRES ACTIVITÉS!
?
BLOZ ET BÉKA.

Y'A UN "HIC!"
ÇA FAIT UNE HEURE QUE BRIGITTE A LE HOQUET!
ON POURRAIT ESSAYER DE LE LUI FAIRE PASSER!
HIC!
HIC!
HIC!
IL FAUT LUI FAIRE PEUR! C'EST RADICAL, IL PARAÎT!
BONNE IDÉE! JE COMMENCE!
ACCUEIL
HIC!
HIC!
HIC!
WAAAAAH!
ACCUEIL
HIC!
TU T'ES FAIT MAL, JUSTE ?
HIC!
ACCUEIL
RATÉ! TU VEUX ESSAYER RIBOULET?
HIC!
!!!
DIS DONC, BRIGITTE, T'AURAIS PAS GROSSI, TOI?
ACCUEIL
AH, JE VOUS JURE! RENDEZ SERVICE AUX COLLÈGUES!
!
BLOZ ET BÉKA

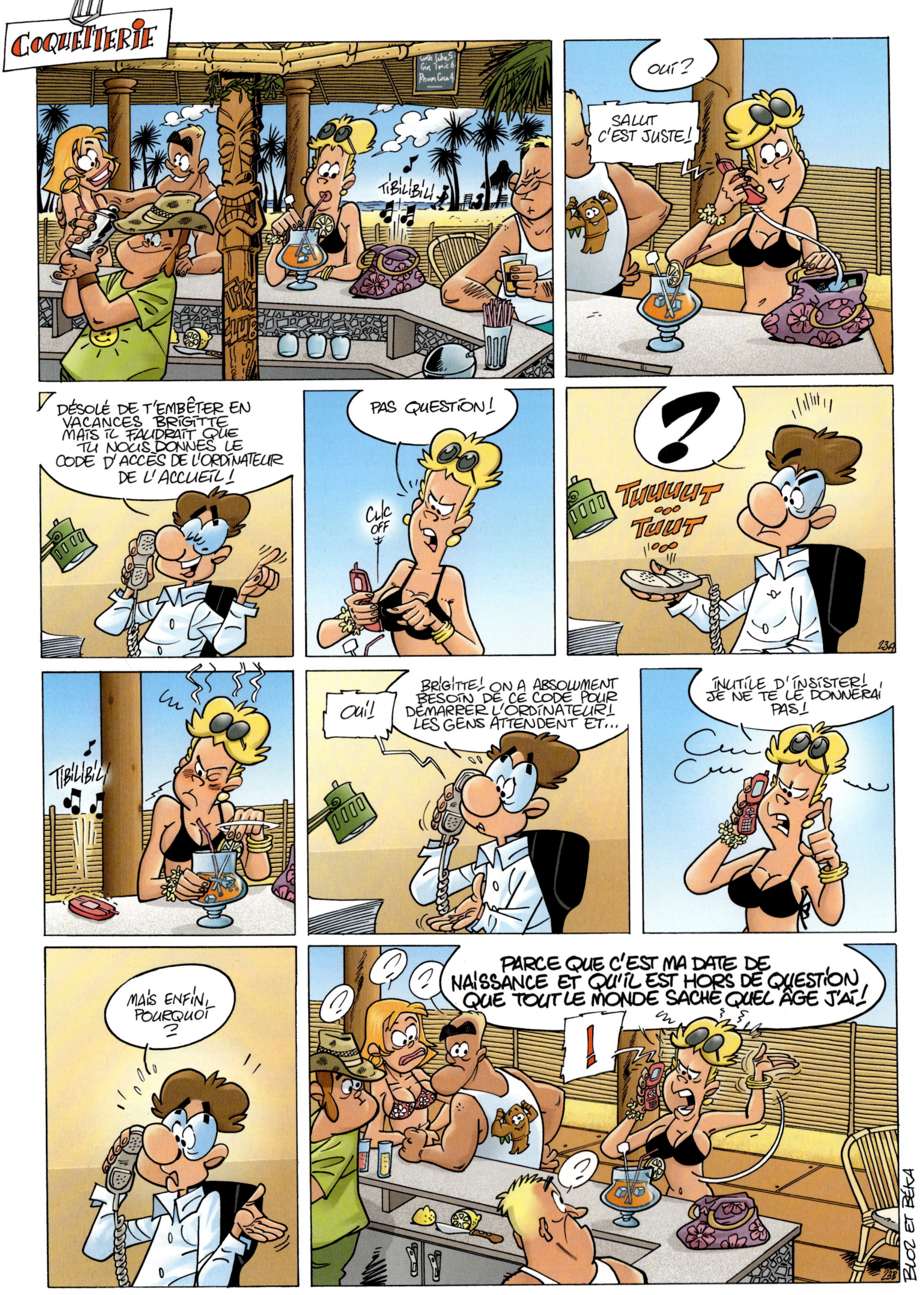
COQUETTERIE
TIBILIBILI
OUI ?
SALUT C'EST JUSTE !
DÉSOLÉ DE T'EMBÊTER EN VACANCES BRIGITTE MAIS IL FAUDRAIT QUE TU NOUS DONNES LE CODE D'ACCÈS DE L'ORDINATEUR DE L'ACCUEIL !
PAS QUESTION !
CLIC OFF
?
TUUUUT ... TUUT
TIBILIBILI
OUI !
BRIGITTE ! ON A ABSOLUMENT BESOIN DE CE CODE POUR DÉMARRER L'ORDINATEUR ! LES GENS ATTENDENT ET...
INUTILE D'INSISTER ! JE NE TE LE DONNERAI PAS !
MAIS ENFIN, POURQUOI ?
PARCE QUE C'EST MA DATE DE NAISSANCE ET QU'IL EST HORS DE QUESTION QUE TOUT LE MONDE SACHE QUEL ÂGE J'AI !
!
BLOZ ET BÉKA

BREF...
...en raison de quoi, cette directive devra permettre à nos agents de se concerter pour agir de façon individuellement collective.
EUH... QUELQU'UN A COMPRIS QUELQUE CHOSE À CETTE LETTRE DU MINISTÈRE ?
NON !
C'EST TOUJOURS PAREIL AVEC LEURS COURRIERS ILS SONT INCOMPRÉHENSIBLES !
NOUS DEVONS LEUR DEMANDER DES EXPLICATIONS !
JE M'EN OCCUPE ! J'AI 30 ANS DE BOÎTE, JE SAIS COMMENT LEUR PARLER !
FAITES-MOI CONFIANCE, JE NE VAIS PAS MÂCHER MES MOTS !
QUELQUES JOURS + TARD, AU MINISTÈRE...
...et nous considérons le sens de la directive comme le corollaire à une action appropriée en adéquation avec la façon dont nous la recevons.
Chef de Cabinet
HEU... QUELQU'UN A COMPRIS QUELQUE CHOSE À CETTE LETTRE DE NOS FONCTIONNAIRES ?
NON ! ENVOYONS-LEUR UN COURRIER POUR LEUR DEMANDER DES EXPLICATIONS !
BLOZ ET BÉKA.

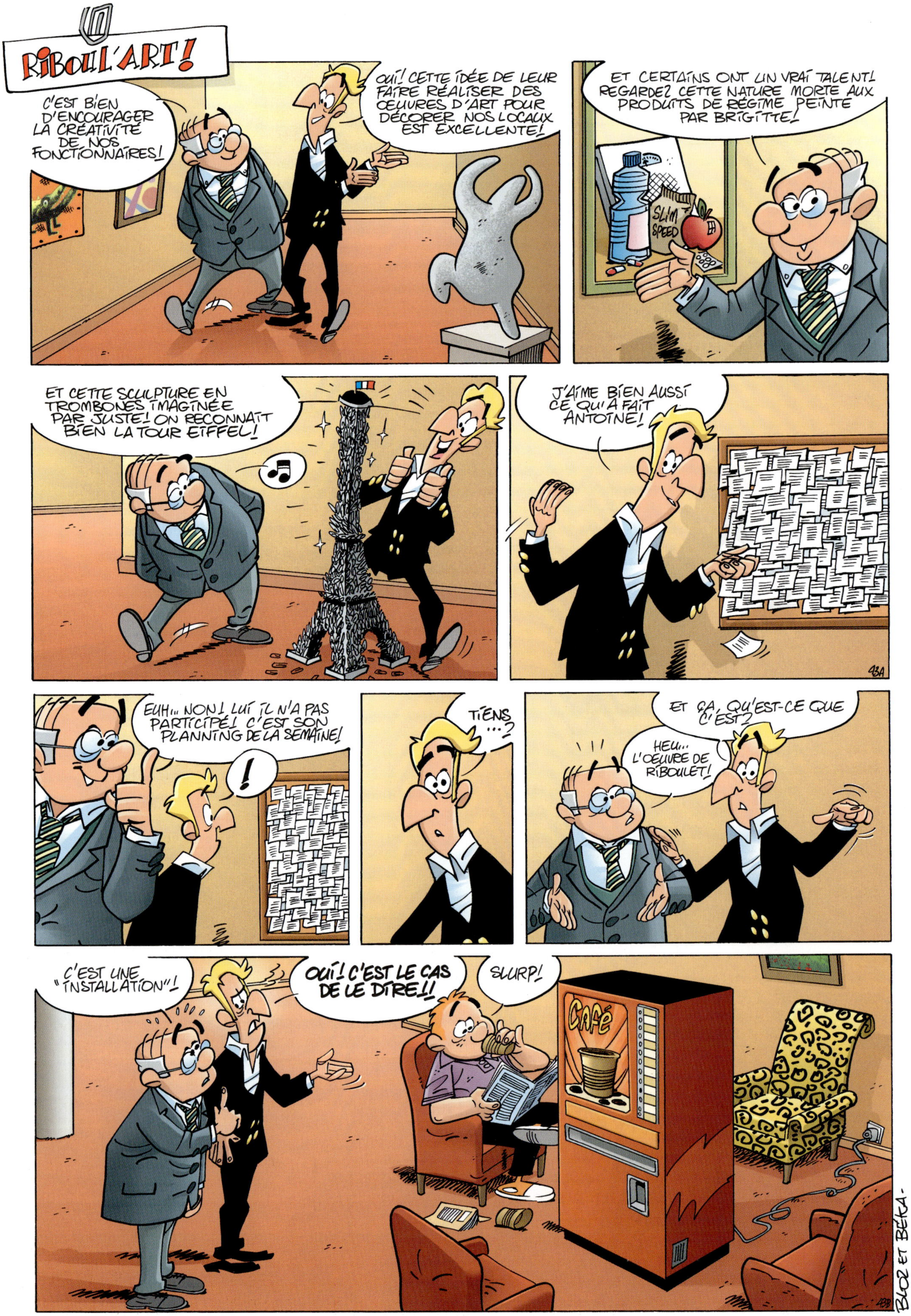
RIBOUL'ART!
C'EST BIEN D'ENCOURAGER LA CRÉATIVITÉ DE NOS FONCTIONNAIRES!
OUI! CETTE IDÉE DE LEUR FAIRE RÉALISER DES OEUVRES D'ART POUR DÉCORER NOS LOCAUX EST EXCELLENTE!
ET CERTAINS ONT UN VRAI TALENT! REGARDE? CETTE NATURE MORTE AUX PRODUITS DE RÉGIME PEINTE PAR BRIGITTE!
SLIM SPEED
ET CETTE SCULPTURE EN TROMBONES IMAGINÉE PAR JUSTE! ON RECONNAIT BIEN LA TOUR EIFFEL!
J'AIME BIEN AUSSI CE QU'A FAIT ANTOINE!
EUH... NON! LUI IL N'A PAS PARTICIPÉ! C'EST SON PLANNING DE LA SEMAINE!
!
TIENS ...?
ET ÇA, QU'EST-CE QUE C'EST?
HEU... L'OEUVRE DE RIBOULET!
C'EST UNE "INSTALLATION"!
OUI! C'EST LE CAS DE LE DIRE!!
SLURP!
CAFÉ
BLOZ ET BÉKA

LIEU DE PERDITION
ALORS VOUS, C'EST AU PREMIER, DEUXIÈME PORTE À DROITE!
ACCUEIL
QUANT À VOUS C'EST AU REZ-DE-CHAUSSÉE AU FOND DU COULOIR.
VOUS C'EST AU TROISIÈME!
ACCUEIL
ET VOUS... EUH... AU SECOND!
!
ACCUEIL
EH BIEN BRIGITTE, IL Y A BEAUCOUP DE MONDE CE MATIN!
OH NON! JE N'AI PAS ENCORE VU UN SEUL USAGER!
?
TOUS CES GENS SONT DES FONCTIONNAIRES!
DEPUIS QU'ON A RÉORGANISÉ LES SERVICES, ILS NE TROUVENT PLUS LEURS BUREAUX!
?
ACCUEIL
BLOZ ET BÉKA

AUTOSATISFACTION.
OUI, C'EST UNE IDÉE DU CABINET DE CONSULTANTS, DANS LE CADRE DE LA RÉORGANISATION DES SERVICES !
ILS PENSAIENT AINSI RÉSOUDRE LE PROBLÈME DE PARKING !
EH BIEN C'EST UNE TRÈS MAUVAISE IDÉE !
D'ACCORD, MAIS ÇA VALAIT LE COUP D'ESSAYER, NON ?
DANS PLEIN D'ENDROITS ON SERT LES GENS DIRECTEMENT DANS LEUR VOITURE...
PEUT-ÊTRE !
MAIS PAS DANS LE HALL D'UNE ADMINISTRATION !
ACCUEIL
PÊT
TÛT
VROUM
BRÔÔM
PÊT
HOVL 880 01
BLOZ ET BÉKA

TROP C'EST TROP.
SALUT JUSTE ! TU N'AURAIS PAS UN PEU DE PLACE DANS TON ARMOIRE ? ÇA DÉBORDE CHEZ MOI !
BIEN SÛR ! IL SUFFIT QUE J'ENLÈVE QUELQUES VIEUX DOSSIERS.
PEU APRÈS...
DIS BRIGITTE, TU PEUX GARDER ÇA CHEZ TOI ? J'AI DÛ LIBÉRER UNE ÉTAGÈRE POUR ANTOINE !
PAS DE PROBLÈME !
ÇA SERA L'OCCASION DE FAIRE UN PEU DE TRI DANS MES PAPIERS !
HUM... JE CONNAIS LE COUP ! SI JE VIRE CES VIEUX FORMULAIRES ON VA AUSSITÔT ME LES REDEMANDER !
29A
SALUT RIBOULET ! JE PEUX ENTREPOSER ÇA DANS TON BUREAU ?
BIEN SÛR ! METS-LES À LA PLACE DES RÉCLAMATIONS DE 1991 !
SURTOUT NE JETTE PAS CES RÉCLAMATIONS ! IL FAUT ABSOLUMENT LES CONSERVER PENDANT 50 ANS !
!
ELLE A RAISON ! JE VAIS ALLER VOIR SI ANTOINE PEUT LES STOCKER DANS SON BUREAU !
QUELQUES INSTANTS + TARD...
C'EST ENCORE MOI ! J'AI DÛ FAIRE DE LA PLACE POUR DÉPANNER RIBOULET ! JE PEUX ENTREPOSER ÇA CHEZ TOI EN ATTENDANT ?
29B
BLOZ ET BÉKA

C'EST SIMPLE.
ÇA NE VA PAS DU TOUT, M-BIGOULINO!
?
QUI S'EST OCCUPÉ DE LA RÉORGANISATION DES SERVICES?
HEU... UN CÉLÈBRE CABINET DE CONSULTANTS, POURQUOI?
PARCE QU'ILS ONT FAIT N'IMPORTE QUOI! VOUS VOUS RENDEZ COMPTE, ILS ONT PLACÉ L'ACCUEIL AU GRENIER!
DU COUP, LES USAGERS ERRENT DANS LES COULOIRS À LA RECHERCHE D'INFORMATIONS, CAR PERSONNE N'A L'IDÉE DE MONTER AU 6E ÉTAGE POUR EN DEMANDER!
!
HUM! VOUS AVEZ RAISON BRIGITTE!
JE VAIS APPELER LES CONSULTANTS TOUT DE SUITE POUR QU'ILS RÈGLENT CE PROBLÈME!
BIP BIP BIP
QUELQUES INSTANTS + TARD...
EH VOILÀ BRIGITTE! ILS ONT TROUVÉ LA SOLUTION!
CLAC
NOUS ALLONS INSTALLER UN PRÉ-ACCUEIL AU REZ-DE-CHAUSSÉE POUR INDIQUER AUX USAGERS QUE L'ACCUEIL EST AU GRENIER!
BLOZ ET BÉKA

COMME D'HAB...
SUITE À TOUS LES PROBLÈMES DONT VOUS NOUS AVEZ FAIT PART L'ORGANISATION DES SERVICES A ÉTÉ REPENSÉE UNE NOUVELLE FOIS !
ALORS QU'EST-CE QUE VOUS EN PENSEZ ?
FRANCHEMENT, C'EST PARFAIT, M. BIGOULINO !
OUAIS ! TOUT LE MONDE TROUVE SON BUREAU MAINTENANT !
MOI, C'EST BIEN SIMPLE, JE ME SUIS TOUT DE SUITE ADAPTÉ !
ET CETTE IDÉE DE METTRE L'ACCUEIL AU REZ-DE-CHAUSSÉE EST EXCELLENTE !
VOUS ME RASSUREZ ! ÇA NOUS A COÛTÉ CHER MAIS, CETTE FOIS LE CABINET DE CONSULTANT A FAIT DU BON BOULOT !
TOUT REMETTRE À SA PLACE, EXACTEMENT COMME AVANT, C'EST VRAIMENT UNE IDÉE GÉNIALE !
OUAIS ! IL FALLAIT Y PENSER !
ACCUEIL
BLOZ ET BÉKA.

QUE DALLE.
ALORS, VOUS SIGNEZ LÀ, LÀ ET LÀ !
ET ENCORE LÀ !
ET ICI ÉGALEMENT !
C'EST PARFAIT ! MERCI BEAUCOUP !
AH! C'EST ENFIN MON TOUR !
C'EST BIEN MA VEINE D'ÊTRE ARRIVÉ APRÈS QUELQU'UN QUI AVAIT UN DOSSIER AUSSI COMPLIQUÉ À TRAITER !
OH NON ! SON CAS A ÉTÉ RÉGLÉ EN 2 MINUTES !
MAIS POUR UNE FOIS QU'ON RECEVAIT UNE STAR DE CINÉMA, ON LUI A TOUS DEMANDÉ UN AUTOGRAPHE !
BLOZ ET BÉKA

RELATION PUBLIC...
REGARDEZ MÉLISSA! AUJOURD'HUI, TOUT LE MONDE VIENT PORTER SA DÉCLARATION ET BRIGITTE EST COMPLÈTEMENT DÉBORDÉE!
POUR L'AIDER, VOUS DEVRIEZ ALLER DEHORS COLLECTER LES DÉCLARATIONS AVANT QUE LES GENS NE FASSENT LA QUEUE!
J'Y VAIS TOUT DE SUITE M. BIGOULINO!
PEU DE TEMPS APRÈS...
VENEZ VITE M. BIGOULINO! IL FAUT ALLER AIDER MÉLISSA!
?
AH BON!? ELLE AUSSI EST DÉBORDÉE?
NON! C'EST PAS ÇA!
LA POLICE EST EN TRAIN DE L'EMBARQUER POUR RACOLAGE SUR LA VOIE PUBLIQUE!
POLICE
P
BLOZ ET BÉKA.

AU CHOIX!
ALORS ROMBILLARD, CES NOUVELLES AFFECTATIONS, ÇA AVANCE?
PFFFFF! NE M'EN PARLE PAS!
J'ESSAYE DE PRENDRE EN COMPTE LES VOEUX DE TOUS NOS FONCTIONNAIRES, MAIS C'EST UN VRAI CASSE-TÊTE!
ALLONS, IL Y A FORCÉMENT UNE SOLUTION!
SI TU LE DIS! MAIS MOI JE NE VOIS PAS LAQUELLE!
?
SUIS-MOI BIGOULINO, TU VAS COMPRENDRE!
22A
ILS VEULENT TOUS ÊTRE DANS LE BUREAU DE SANDRINE, MAIS ÇA NE VA PAS ÊTRE FACILE DE LES Y CASER!
?
22B
BLOZ ET BÉKA

OUPS!
C'EST PAS POSSIBLE ! ON PEU PAS TRAVAILLÉ DANS SES CONDITION !
OUAIS !
COMME QUOI C'EST PARTOUT PAREIL ! QUANT UNE PERSONNE EST ABSENTE, C'EST TOUT LE SERVICE QUI S'EFONDRE !
MOI, JE DIS QU'ON DEVRAIS SE METTRE EN GRÈVE !
QUOI !? QUOI !? QU'EST-CE QUE J'ENTEND !? QUI VEUX SE METTRE EN GRÈVE ?
38A
NOUS !
MAI ENFIN POURQUOI ?
PARCE QUE LA PERSONNE QUI CORIGE NOS FAUTE D'ORTOGRAFE EST PARTI EN CONGÉ ET QU'ELLE N'A PAS ÉTÉ REMPLACÉ !
ET VOUS VOYEZ LE RÉSULTA !
38B
BLOZ ET BÉKA.

BONNE ANNÉE.
VOEUX DE L'ADMINISTRATION
CETTE NOUVELLE ANNÉE QUI COMMENCE SERA PLACÉE SOUS LE SIGNE DE LA PRODUCTIVITÉ !
JE VOUS SOUHAITE À TOUS D'ATTEINDRE VOS OBJECTIFS, ET MÊME DE LES DÉPASSER !
ET QUE NOS BUREAUX DEVIENNENT UN EXEMPLE DE PERFORMANCES ENVIÉES PAR TOUS !
À LA NOUVELLE ANNÉE !
À LA NOUVELLE ANNÉE !
TIENS BIGOULINO ! JE T'AI SERVI UNE PART DE GALETTE !
MERCI !
?
ARGEULLL !
KOF KOF ! HOF !
ARGGLLL !!
KOF KOF
APRÈS TOUT CE QUE BIGOULINO VIENT DE NOUS RACONTER, IL PART EN CONGÉ MALADIE !
C'EST BIEN LA PEINE DE NOUS FAIRE DE SI BEAUX DISCOURS !
BLOZ ET BEKA -

# À découvrir aux éditions BAMBOO

10 tomes

**Les Profs**
Scénario : Erroc
Dessins : Pica

10 tomes + 1 bêtisier

**Les Gendarmes**
Scénario : Sulpice & Cazenove
Dessins : Jenfèvre

6 tomes

**Les Pompiers**
Scénario : Cazenove
Dessins : Stédo

6 tomes

**Les Toubibs**
Scénario : Bélom & Gégé
Dessins : Sirvent

5 tomes

**Les Commerciaux**
Scénario : Plumeri & Boitelle
Dessins : Bloz

2 tomes

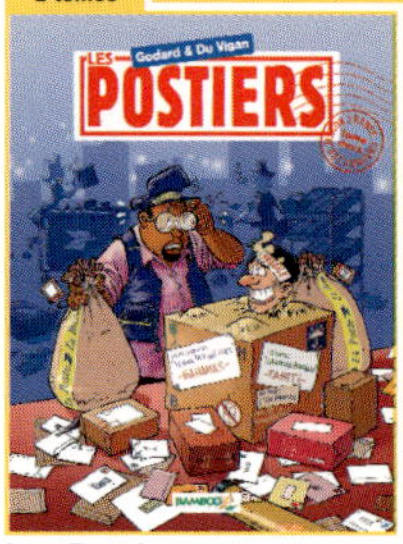


**Les Postiers**
Scénario : Godard
Dessins : Du Vigan

5 tomes

**L'Auto-École**
Scénario : Cazenove
Dessins : Amouriq

1 tome

**Les Informaticiens**
Scénario : Reynès & Brrémaud
Dessins : Toulon

2 tomes

**Les Assureurs**
Scénario : Sulpice
Dessins : Jenfèvre

3 tomes

**Les Musicos**
Scénario : Erroc & Jenfèvre
Dessins : Janvier

1 tome

**Plans de carrière**
Scénario : Erroc
Dessins : Yannick

4 tomes

**Basket Dunk**
Scénario : Cazenove & Plumeri
Dessins : Mauricet

5 tomes

**Les Footmaniacs**
Scénario : Béka
Dessins : Saive

3 tomes

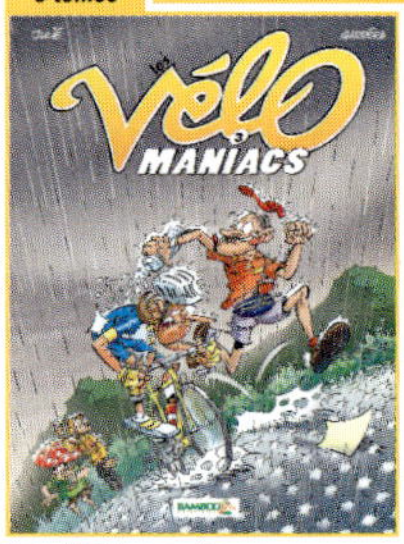


**Les Vélomaniacs**
Scénario : Garréra
Dessins : Julié

6 tomes

**Les Rugbymen**
Scénario : Béka
Dessins : Poupard

3 tomes

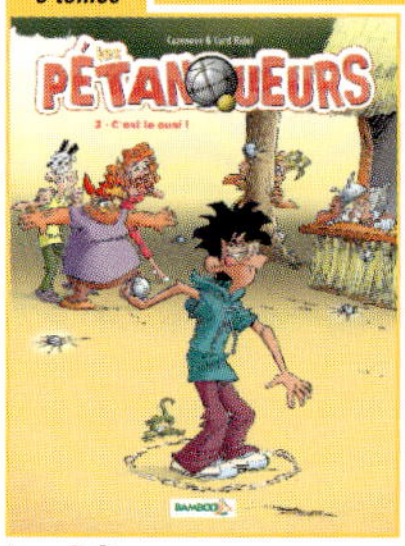


**Les Pétanqueurs**
Scénario : Cazenove
Dessins : Curd Ridel

1 tome

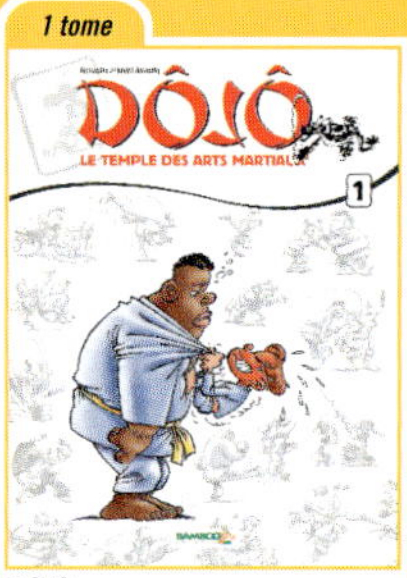


**Dôjô** - Le Temple des Arts Martiaux
Scénario : Amouriq
Dessins : Amouriq

1 tome

**On the Rock**
Scénario : Sulpice
Dessins : Jenfèvre

2 tomes

**Triple Galop**
Scénario : du Peloux
Dessins : du Peloux

1 tome

**Les Tennismen**
Scénario : Brrémaud & Reynès
Dessins : Bertolucci

2 tomes

**Les Maîtres Nageurs**
Scénario : Brrémaud & Reynès
Dessins : Reynès

2 tomes

**Les Campeurs**
Scénario : Swinnen & Dugomier
Dessins : Maltaite

3 tomes

**Raoul & Fernand**
Scénario : Erroc
Dessins : Erroc

6 tomes

**Les Damnés de la Route**
Scénario : Rodrigue & Achdé
Dessins : Achdé

6 tomes

**Les Ripoupons**
Scénario : Gégé & Bélom
Dessins : Gégé

1 tome

**Les Fondus du Portable**
Scénario : Richez & Cazenove
Dessins : Saive

1 tome

**Les Fondus de la Brocante**
Scénario : Richez & Cazenove
Dessins : Bloz

1 tome

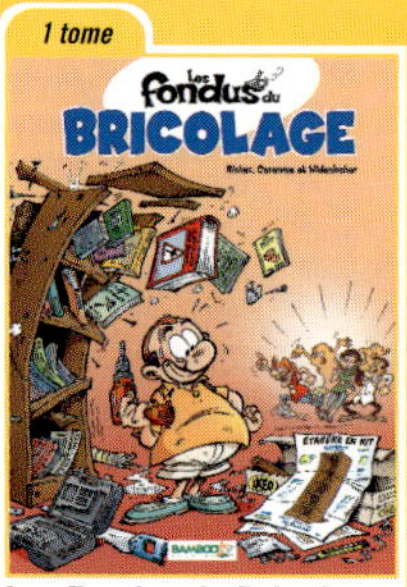


**Les Fondus du Bricolage**
Scénario : Richez & Cazenove
Dessins : Widenlocher

1 tome

**Plan Drague**
Scénario : Cazenove & Sulpice
Dessins : Jytéry

1 tome

**Plan Drague** nouvelle génération
Scénario : Cazenove & Wingrove
Dessins : Wozniak

SORTiE